D1695067

Ingeborg Wehmeyer

Im Herbst des Lebens

oder

Vor dem großen Schweigen

Lyrische Texte

Impressum

© 2022 Ingeborg Wehmeyer

Druck und Verlag: epubli GmbH, Berlin,

www.epubli.de

Printed in Germany

Meinen Brüdern Peter und Uwe in Liebe

Erinnerungen
sind wie Rosen im Garten:
Sie trösten dein Herz

Vorwort

Lyrik – eine spezielle Dichtungsgattung – wird vom Klang und vom Rhythmus getragen, um beim Hörer oder Leser Wirkung zu erzielen. Schließlich kommt das Wort *Lyrik* ja von Lyra, der Leier. Dieses Instrument begleitete im Altertum die Gesänge.

Jeder lyrische Text ist ein Konstrukt, ein höchst subjektives sprachliches Gebilde, das auf ein einfühlsames Mitschwingen, Mitdenken, Mitfühlen angewiesen ist. Das gilt in besonderer Weise für meine kleinen Haikus und Utas, die ich nach japanischem Stil aufzubauen suchte.

Es macht mir auch Freude neue poetische Formen auszuprobieren und poetische Texte zu verfassen, die sich nicht reimen und die dennoch lyrisch genannt werden können. Den Impuls zu dieser poetischen Sprachgestaltung erhielt ich bereits 1956 durch ein Buchgeschenk, nämlich das sehr ansprechend gestaltete Büchlein von Manfred Hausmann mit dem Titel *Liebe, Tod und Vollmondnächte. Japanische Gedichte übertragen von Manfred Hausmann,* **Ausgabe 1955,** erstmals erschienen 1951 im S. Fischer Verlag.

In seiner Einführung schreibt Hausmann zu diesen uns fremd anmutenden, im Telegrammstil verfassten Kurzgedichten: „Der Japaner beabsichtigt nicht, dem Gedicht eine Gestalt in unserem Sinne zu geben."

Das Besondere dieser Kurzgedichte liegt in dem Grundsatz der Silbenzählung. Im Laufe der Jahrhunderte gibt es Veränderungen, Erweiterungen der Zeilen und ihres Silbenaufbaus. Das Kurzgedicht, das wir heute Haiku nennen, besteht aus drei Zeilen mit der Silbenzahl 5 – 7 – 5. Auch Abwandlungen in der Silbenfolge gibt es, so 7 – 7 – 5 oder 7 – 5 – 5, aber auch 5 – 9 – 5.

Die andere Form des japanischen Kurzgedichtes, das Uta oder Tanka genannt, besteht aus fünf Zeilen unterschiedlicher Silbenzahl. Hausmann schreibt: *„Seit dem siebten Jahrhundert n. Chr. ist dann das fünfzeilige Uta mit der Silbenzahl 5 – 7 – 5 – 7 – 7 die Form, in der die lyrische Dichtung sich vorwiegend äußert."* (ebenda S. 8)

In meinem neuen Lyrikbändchen habe ich vorwiegend Haikus und Utas aufgenommen.

Die ausgewählten Fotos wollen für den Leser weit mehr sein als nur Dekor.

Leuchtender Herbsttag
Uns kann man nichts vormachen
Täuschung ist zwecklos
Natur sieht den Neubeginn
Wir sehen unser Ende

Goldener Tag am See

Oktober ist's – ein Sonnentag
Wir sind am Bodensee
Ein wolkenloser Himmel lacht
und spiegelt sich im See

Der Himmel grüßt die letzten Gäste
denn die Saison ist nun vorbei
Vereinzelt gibt es wohl noch Feste
Wir meiden sie, sind nicht dabei

Wir sind der vielen Menschen leid
und suchen eine Bank zum Träumen
Dort sitzen wir zur Mittagszeit
beschattet von Kastanienbäumen

Lichtvoller Herbsttag
Der See glitzert und spiegelt
Die Augen schmerzen

Mildes warmes Licht
Wir sind täglich im Garten
Oktober lächelt

Altweibersommer
Frühnebel und mildes Licht
Es riecht nach Fäulnis
Im Garten liegt welkes Laub
und im Spinnennetz hängt Tau

Macht der Mensch die Zeit
oder macht die Zeit den Menschen?
fragt der Philosoph
Der Weise lächelt und spricht:
Antwort gibt dir dein Leben

Die Zeit – ein Mörser:
Träume, Pläne, Gefühle
werden zerstoßen

Schwermut und Schmerz
Die Zeit heilt keine Wunden
Die Seele leidet

Du armer Schiller!
Der Mensch sei frei geboren!
Der Dichter irrte

Unwissender Mensch
Dein Körper ist dein Kerker
Ihn befreit der Tod

Schau um die Ecke!
Auf dich wartet das Alter:
ein starker Dämon
Er wird dich demütigen
quälen, krümmen und töten

Magie der Namen
Jeder Name ein Gesicht
das mir vertraut ist
Ich vergesse die Namen
liebe Gesichter noch nicht

Verlorenes Ich
ohne Erinnerungen
mit ratlosem Blick
irrt suchend durch die Flure
Möge mir das erspart bleiben!

Körpersignale
in der nächtlichen Stille
Sie machen mir Angst

Die Nächte sind kurz
Um halb drei Uhr bin ich wach
Besuch kommt zu mir
Unendlich juckt mein Kopf
mit verschlüsselter Botschaft

Schlaflose Herbstnacht
Schwarze Gedanken quälen
Das Käuzchen ruft schon

Das Leben ist kurz
Der Sensenmann gefürchtet
Meist kommt er zu früh
selten als Freund des Menschen:
ein Dämon oder Engel?

Ist tot sein schlafen
ewiges schmerzfreies Sein
gefühlloses Nichts?

Die kalten Nächte
Am Morgen lag totes Laub
Lerne loslassen!

Schlaflose Nächte
Sturmtief bestimmt den Kreislauf
Ein alter Baum stirbt

Retraite

Immer wieder
ins Bett
Tag und Nacht
Nestwärme suchend
die Augen geschlossen
im Kopf hellwach

Immer wieder
ins Bett
ausruhen
den Rücken strecken
die Nerven besänftigen
nachdenken

Immer wieder
ins Bett
müde und schlaflos
das Leben überdenken
trauern, bereuen

O, tapferes Alter!
Zeit unbeantworteter Fragen
Immer wieder ins Bett
Bald aber ins Grab
Der letzte Rückzug will gelernt sein

Alter und Schwermut
Bitter die Realität
Offene Fragen

Fragen, nur Fragen
Ich weiß nun, dass ich nichts weiß
Antwort gibt der Tod

Die Schicksalsfrage:
Warum bin ich auf der Welt?
Wer weiß die Antwort?

Mein Herz spricht zu mir:
Du bist nicht zufällig hier
Engagiere dich!
Wie? Sei ein Tatmensch! Diene!
Viel Zeit bleibt dir aber nicht

Lebenserfahrung:
Der Tag gehört Tatmenschen
die Nacht den Träumern

Die Weisen lehren:
Nur das Heute gehört dir
Carpe diem, Freund!

Das Lied der Erde -
ein Hymnus auf die Schöpfung -
braucht deine Stimme

Das kosmische Gesetz

Der Meister spricht:
Nichts ist, wie es war
Nichts bleibt, wie es ist
Das ist das kosmische Gesetz

Der Schüler fragt:
Gibt es denn keinen Fixpunkt
nichts Unwandelbares?

Der Meister antwortet:
Wie oben so unten
Alles Lebendige steht unter diesem Gesetz

Der Schüler fragt:
Und die Liebe?
Ist sie nicht die treibende Kraft?
Ist sie nicht von ewiger Dauer?

Der Meister antwortet:
Du bist jung
Du brauchst Illusionen zum Leben
Seit unserem ersten Atemzug
stehen wir alle unter diesem Gesetz
ewigen Wandels
Du selbst wirst dieses Gesetz schließlich
anerkennen
und dich fügen
Ein schmerzlicher Prozess

Nichts ist von Dauer
Erkenntnis des Heraklit
Auch die Liebe treibt
langsam, unaufhaltsam fort
auf dem breiten Strom der Zeit

Nur für Liebende
ist die Welt ein Paradies
wo Gott stets lächelt

Liebe im Alltag
gefährdetes Erdenglück
Geschenk der Götter

Liebe stirbt leise
trocknet wie Blätter im Herbst
Kein Versprechen hält

Leise fällt das Laub
Manche Liebe ermüdet
und stirbt unbemerkt
Der bunte Herbst birgt Hoffnung
erkaltete Liebe nicht

Du jagst dem Glück nach
Es lässt sich nicht einfangen -
die Sonne auch nicht

Liebe im Spätherbst
Humor und Herzenswärme
tiefes Verstehen
Ach, tröstliche Zweisamkeit!
Der Tod kann sich Zeit lassen

Reich ist mein Leben
Ich lache, singe, liebe
Kurz ist das Leben
Der Tod lauert überall
Auch ich bin seine Beute

O, wir Sterblichen!
Der Tod winkt von überall
Er schärft unsern Blick
für die Schönheit der Schöpfung
Das Leben ist ein Geschenk

Der Mensch stellt Fragen
Keine Antwort aus dem All
Wo also ist Gott?

Erwacht, ernüchtert:
Im Kosmos wirkt kein Schöpfer
Gott aber fehlt mir

Leer ist der Himmel
Leer sind Kirchen und Menschen
Gottlose Zeiten

Je mehr wir wissen
je weniger wissen wir
Die Transzendenz schweigt
Die Zeit der Glaubensfragen
verkommt in Habsucht und Hass

Welche Wahrheit hilft
die Schöpfung zu bewahren
Frieden zu schaffen?

Gottlose Zeiten
Diese Plastik provoziert
zeigt den Verlierer
Die Frohe Botschaft mutiert
zu einem Aberglauben

Ist Gott ein Wunschbild?
Der Weise lächelt und spricht:
Schau in den Himmel!
Es hilft dir kein Studium
Die Antwort weiß nur dein Herz

Für alle sichtbar
stirbt mein Abreißkalender
Ich leide mit ihm

Schau in den Spiegel!
Lächelt dein Gesicht dich an?
Dann bist du noch jung

Gelebtes Leben
Mein Spiegelbild lächelt nicht
zeigt Altersspuren
Kosmetika helfen nicht
Mein Gesicht ist mir jetzt fremd

Der alternde Leib
verändert unser Wesen
schwächt alle Sinne
Hören, Fühlen und Denken
macht uns missmutig, einsam

Lichtarme Wochen
verdunkeln auch die Seele:
das Hesse-Syndrom
Erst im Alter weiß der Mensch
was Einsamkeit bedeutet

Das kranke Herz summt,
im Alter auf Moll gestimmt,
den November-Blues

Mein Spiegelbild sagt:
Die Nacht ist überstanden
Ein Vogel ruft mich

Frau Luna erbleicht
Der kühle Morgen tröstet
schlaflose Alte

Schau in den Garten!
Dein Paradies ist herbstmatt
vergänglich dein Werk

Es ist wieder Herbst
In mir wächst die Dunkelheit
Abschiedsgefühle
Die Erntezeit ist vorbei
Gibt es für mich noch eine?

Herbstnebel am See
Die Natur gehört sich selbst
Lichtarme Tage
wo der See zur Ruhe kommt
und am Ufer die Boote

Bitter-süßer Herbst
Schöner Tod in Gelb und Rot
Es riecht nach Moder

Sag', was bleibt von mir?
Flur und Garten sagen dir:
Nichts bleibt von dir – hier

Du bist nicht allein
Wir sind Kinder der Natur
Du kennst ihr Gesetz

Werden und Vergehen:
ewiger Schöpfungsprozess
Glühwürmchen sind wir

Der Weise lehrt dich:
Du bist ein Teil der Natur
Du bist unsterblich

Der bunte Drache
steigt hoch, kämpft gegen den Wind
Doch dann stürzt er ab
Der stolze Drache zeigt Mut:
Sinnbild menschlichen Lebens

Ein riskantes Spiel:
Siegen oder Verlieren?
Nur wer wagt, gewinnt
Größe liegt auch im Scheitern
Tanze im Wind des Lebens!

Kosmische Wellen
Farben geboren aus Licht
heilen die Seele

Farbtöne heilen:
Ausdruck aller Gefühle
wo Sprache nicht hilft

Du selbst bist dein Arzt
Schwermut ist eine Krankheit
Die Trauer trägt Schwarz

Verharmlostes Schwarz
Die Mode hat dich entdeckt
vornehme Farbe
Statussymbol der Bürger
Tarnfarbe für Ganoven

Du machtvolles Schwarz
schluckst Licht und alles Leben
Gefährliches Schwarz
bringst Angst, Schrecken und Unheil
Der Tod trägt die Farbe Schwarz

Rot stärkt die Herzkraft
Vitalität und Frohsinn
zeigt Selbstbewusstsein

Aggressives Rot
beansprucht stets Dominanz
fordert Beachtung

Symbolfarbe Rot
mahnt dich immer zur Vorsicht
und Selbstkontrolle

Bipolares Rot:
Farbe von kosmischer Macht
erschafft und tötet
bestimmt Werden und Sterben
in diesem Sonnensystem

Blut- und Feuerrot -
angstmachende Farbtöne -
Die Sprache benennt
Liebe, Krieg und Zerstörung
Ekstase, Wut und Wahnsinn

Lieblingsfarbe Blau
Sehnsucht, Freiheit und Weite
beruhigt das Herz

Unendliches Blau
Lieblingsfarbe der Menschen
magisches Symbol
Sehnsucht nach göttlichem Sein
Auch Atheisten suchen

Hypnotisches Blau
beruhigst meine Nerven
machst mich willenlos

Du magisches Blau
In Tagträumen fängst du mich
entführst mich ins Nichts

Wundersames Blau
heilsames Narkotikum
füllst mich mit Leere
Deine Kühle ist fühlbar
will mein Denken abschalten

Weiß stärkt die Lunge
vermittelt Reinheit, Keuschheit
kühle Leichtigkeit
Wähle weiße Bettwäsche!
Weiß entkrampft deine Bronchien

Du luftiges Weiß
reflektierst das Sonnenlicht
Die Augen schmerzen
Die christliche Glaubenswelt
kennt weiß gekleidete Engel

Lebe im Grünen!
Grün lässt wachsen, heilt, gibt Kraft
Iss auch viel Grünes!
Grün – die Farbe des Lebens -
gibt Mut und Lebensfreude

Dem Stadtmenschen Grün!
Mit der Natur verbunden
Jugend und Hoffnung

Kleide dich in Grün!
Grün stärkt Leber und Galle
hilft der Verdauung
schützt vor Depressionen
stützt unser Immunsystem

Erinnerungen
an kränkende Abschiede
sind Stolpersteine
Verharre nicht im Gestern!
Du lähmst deine Lebenskraft

Dein Gefühl sagt dir:
Die Hölle ist auf Erden
das Paradies auch

Im Herbst des Lebens
lockt dich die große Freiheit
zu neuen Zielen
Dein Engel lächelt dir zu:
Lebe endlich deinen Traum!

Im Herbst des Lebens
brauchst du keine Zerstreuung
wird die Zeit dir kostbar
Deine Lebensuhr mahnt dich
mit vierundachtzig Schlägen

Im Herbst des Lebens
folge nicht dem Jugendwahn!
Höre nach innen!
Stehe zu deinem Alter!
Gehorche deinem Körper!

Im Herbst des Lebens
suche Orte des Friedens!
Geh' in die Natur
wo das quälende Ich schweigt!
Dort gesundet die Seele

Im Herbst des Lebens
gestalte dein Leben neu:
ehrlich und mutig!
Löse flache Kontakte!
Nur die Liebe zum Du zählt

Zwischen den Sphären
in ewiger Wiederkehr
lebt und stirbt dein Ich
Unsterblich ist die Seele
vielgestaltig im Kosmos

Im Herbst des Lebens
reise mit leichtem Gepäck
befreit und angstfrei!
Du unsterbliche Seele,
der Himmel wartet auf dich.

Ronda im Frühling
Siesta im Taubenbaum
Ein Ort des Friedens

Nachwort

Liebe Leserinnen und Leser,
im menschlichen Leben beginnt der Herbst meiner Meinung nach mit dem Ausscheiden aus der Arbeitswelt.

Im Herbst des Lebens ist das Denken an den Tod im Allgemeinen und das Sinnieren über den eigenen Tod nichts Ungewöhnliches. Alte Menschen können oft nicht schlafen und überdenken in dieser so unerwünschten Wachzeit im Rückblick alle ihre Lebensstationen. Ich habe mir sagen lassen, dass dieses Verhalten normal sei. Nun habe ich dieses Büchlein geschrieben um meine Gedanken und Erinnerungen zu ordnen und aufzuschreiben. Ich hoffe, dass ich dadurch mehr Klarheit bei der persönlichen Bewertung meiner Lebensreise erreiche. Beruhigung und Trost möchte ich dabei auch finden und natürlich an die Menschen meiner Generation weitergeben.

Das Alter ist eine Phase von kürzerer oder längerer Dauer. Sie beendet unsere Lebensreise zu einem uns völlig unberechenbaren Zeitpunkt, den wir in der Regel nicht selbst bestimmen können. Glücklich sind wir, wenn wir gesund sind und dabei noch recht alt werden dürfen. Alt werden, nicht sterben müssen, wünschen sich auch Todkranke sogar im letzten Stadium ihres Leidens. Mit einem Wort: Keiner von uns will sterben, übrigens auch nicht der gottgläubige Mensch.

Wenn ich acht Stunden durchschlafen kann, bin ich geradezu glücklich. Deshalb bin ich zurzeit vital und froh gestimmt und fühle mich 84 Jahre jung!

Seit dem Jahr 2000, dem Jahr meiner krankheitsbedingten Pensionierung, beobachte ich die Veränderungen meines Körpers und damit meiner seelischen Befindlichkeit ganz genau und stelle Vergleiche an, habe ich doch mein ganzes Leben lang mit alten Menschen unter einem Dach gelebt. Von Kindheit an habe ich deren Liebe und Fürsorge erhalten, was ich in jungen Jahren für selbstverständlich erachtete. Ich durfte sie alle bis zu ihrem Tod begleiten: Großvater, Großmutter und Mutter. Da ich mich mit 84 Jahren immer noch nicht „abgenabelt" habe, schreibe ich lieber im emotionalen Stil von Opa, Oma Lenchen und Mutti. Bis auf unseren Opa starben alle in ihrem vertrauten Zuhause, wurden in ihrem Altwerden umsorgt und liebevoll gepflegt. Opa, geboren 1878, starb 1956 im Kolping-Krankenhaus in Bad Cannstatt, Oma Lenchen, geboren 1885, starb 1982 und unsere Mutti, die 1908 geboren wurde, starb 1992.

Wie oft denke ich gerade jetzt in meiner letzten Lebensphase an diese lieben Menschen!

Obwohl meine beiden Brüder und ich zur Kriegsgeneration gehören und in den Hungerjahren aufwuchsen, hatten wir eine unbeschwerte Jugend. Hunger hatten alle, wir drei Wehmeyers natürlich auch. Aber wir lebten in geordneten Verhältnissen, behütet, geliebt und in großer Freiheit. Und obwohl unser Vater im Krieg gefallen war, durften wir Drei das Gymnasium besuchen und Abitur machen, auch ich, obwohl ich doch nur ein Mädchen war und sicher heiraten würde. Die gute Pension unseres Großvaters machte das möglich.

Was ich diesen Verstorbenen zu ihren Lebzeiten nicht sagen konnte, weil ich als Kind und Jugendliche überaus ichbezogen war, sage ich ihnen jetzt im Alter in Gedanken oft in schlaflosen Nächten. Ich fühle mich immer noch mit ihnen tief verbunden. Vielen Menschen meines Alters, die über ihr gelebtes Leben nachdenken, wird es wohl so ergehen wie mir, denn: **„Die Toten sind nicht tot, sie gehen mit, unsichtbar sind sie nur, unhörbar ist ihr Schritt."** Gorch Fock (1880 – 1916)

Damals, in Bad Cannstatt, waren wir eine Familie mit sechs Personen und wohnten in einem schönen Bürgerhaus in der Kreuznacher Straße – übrigens ohne Bad oder Dusche, ohne Zentralheizung und nur mit einer eiskalten kleinen schmalen

Toilette mit Handwaschbecken. Damals, in Bad Cannstatt, half ich eines Tages meiner Oma Lenchen nach dem späten Mittagessen beim Abwaschen, denn wir hatten natürlich auch keine Spülmaschine. In der Regel tat das sonst mein jüngster Bruder Uwe. Er war Omas Liebling. Es kam zu einem sehr kurzen Gespräch, nein, eher zu einem Wortwechsel, den ich bis heute nicht vergessen habe und immer wieder erzähle, weil ich als Siebzehnjährige verdutzt und mit Unverständnis reagierte und glaubte, meine Oma würde meinen damals schon kranken Opa nicht mehr lieben. **Auf meine Frage nach dem Wichtigsten im Leben** antwortete Oma Lenchen ohne zu zögern: **„Die Gesundheit"**. Sie hatte ihre Arbeit nicht unterbrochen. Ich hörte auf die großen Teller abzutrocknen und wollte eine Diskussion führen: **„Aber Oma, das Wichtigste ist doch die Liebe"**.
Oma Lenchen – ihr tat damals beim Abwasch am Spülstein genauso der Rücken weh wie mir heute - richtete sich auf und sah mich an:

„Du wirst nochmal an mich denken." Das waren ihre Worte. Sonst sagte sie nichts. In ihren Augen - Oma war sowieso nicht gesprächig, es sei denn sie hatte etwas Likör getrunken - war das Thema hinreichend „besprochen". Ihrer stets neugierigen Enkeltochter hatte sie nun eine wegweisende Lebensweisheit gegeben. Und wie recht hat sie doch gehabt! Ohne Gesundheit ist alles nichts.

Gesundheit ist das höchste Gut! Jetzt weiß ich es auch.

In letzter Zeit höre ich mich oft sagen:

Das vertrage ich nicht mehr.

Ich kann nicht mehr so viel essen.

Gib mir nur ganz wenig Sekt! Die Kohlensäure bekommt mir nicht.

Ich muss beim Essen schweigen, weil ich Angst habe mich zu verschlucken.

Rindfleisch kann ich nicht mehr so klein kauen; ich bleibe bei Schweinefleisch oder Geflügel.

Meine Liste ist noch viel länger, denn sie betrifft alle Lebensbereiche. Ich begnüge mich mit wenigen Beispielen:

Das brauche ich nicht mehr. Ich habe von allem viel zu viel.

Die vielen Fachbücher, alles „Bildungsleichen", stelle ich ins öffentliche Regal am Marktplatz.

Ich habe keine Nerven mehr.

Vieler Menschen strengen mich an.

Wollen wir uns nicht lieber in einem Lokal treffen? Ich brauche dann nicht zu kochen.

Ehrlich gesagt möchte ich mit diesem Menschen nichts mehr zu tun haben: Er ist mir fremd geworden. Meine Zeit ist mir jetzt doch sehr kostbar.

Wer ist denn das? Sollte ich den kennen?

Ich habe seinen Namen vergessen.

Wie heißt denn dieses Ding? Du weißt schon, was ich meine.

Hast du meine Brille gesehen?

Wo habe ich denn den Schlüssel hingelegt?

Ich werde mich mal kurz hinlegen.

Geh' doch du ans Telefon! Ich höre doch so schlecht.

Es ist nicht mehr meine Zeit!

Auf den Geburtstagsfeiern von Tanten und Onkeln hörte ich vor Jahrzehnten genau diese Sätze des Öfteren und noch Bemerkungen über Krankheiten, Medikamente und hilfreiche Ärzte. Es schienen besonders die Orthopäden, die Zahnärzte, Augenärzte und die Kardiologen eine bedeutende Rolle zu spielen.

So aber wollte ich nicht werden! Auf gar keinen Fall! Und jetzt bin ich doch verdutzt und beschämt, dass auch ich so rede.

Nicht nur die Geschichte wiederholt sich!

Seit Generationen gleichen sich die Probleme der alten Menschen – und sie werden noch gravierender, wenn alte Leute ohne den Schutz ihrer Familie ganz alleine und nur von einer kleinen Rente leben müssen. Kranksein und Altersarmut sind zwei weitere Schreckgespenster, ebenso die Angst die Selbständigkeit oder gar den Verstand zu verlieren.

Auch mich beschäftigen diese Sorgen einer möglichen Abhängigkeit und eines quälend langen Siechtums in dieser Lebensstufe, die von mir so viel Selbstdisziplin und Tapferkeit verlangt, vor allem aber Vertrauen in meinen „Schutzengel", der seit meiner Geburt am 03.01.1938 unsichtbar an meiner Seite steht und hoffentlich noch lange über mich wacht. Manches Mal erschien er mir in „Fleisch" und „Blut". Dafür danke ich meinen „Engeln".

Jeder Mensch will diese letzte und schwierigste Lebensphase mit Haltung durchleben. Mein jüngster Bruder Uwe erreichte zum Beispiel diese Lebensstufe gar nicht: Er starb einen Tag vor seinem 62. Geburtstag.

Was könnte uns alten Menschen helfen? Vielleicht dies:

Die Erinnerung bedrückt;
Die Erinnerung beglückt.
Sie versöhnt uns im milden Licht
der Verklärung mit unserer Vergangenheit.

Höre ich deshalb immer schlechter, weil ich nach innen horchen soll? Sehe ich deshalb immer schlechter, weil ich nach innen schauen soll, um die Bilder meiner Vergangenheit wieder lebendig werden zu lassen? Soll ich das tun und warum? Vielleicht um körperlich und seelisch gesund zu bleiben? Zwei gute Ratschläge habe ich mir zu eigen gemacht:

Nachts sollte ich acht Stunden schlafen können.
Jeder Tag sollte gut strukturiert und Ruhephasen eingeplant werden.

Wer acht Stunden geschlafen hat, fühlt sich ausgeruht und körperlich fit. Er stellt wohl auch fest, dass sich seine negative Stimmung in erwartungsfrohe Zufriedenheit gewandelt hat.
Doch es ist nicht leicht bei den unausweichlichen Einschränkungen oder gar Schmerzen des Alterns ein

fröhliches Herz zu behalten.

Beide haben wir recht: Oma Lenchen und ich. Das Wichtigste im Leben sind die Gesundheit und die Liebe.

Möge mein kleines Lyrikbändchen auch Ihnen, liebe Leserinnen und Leser, ein verständnisvolles Lächeln entlockt haben.

Kernen, Januar 2022

Ingeborg Wehmeyer

Hinweis

Alle Fotos, auch die des Buchcovers, stammen aus dem Privatbesitz der Autorin.

Danksagung

Meiner Frau Karin Venherm danke ich herzlich für Ihre Beratung.
Mein besonderer Dank aber gilt Werner Dölling für die Gestaltung und die Digitalisierung dieses Büchleins.

Zur Autorin

Ingeborg Wehmeyer, 1938 in Stuttgart geboren, ließ sich nach dem Abitur am Pädagogischen Institut Stuttgart zur Grund- und Hauptschullehrerin ausbilden, studierte später in Tübingen Philosophie, Pädagogik und Germanistik für den Höheren Volksschuldienst, war danach vierzig Jahre im Schuldienst von Baden-Württemberg tätig und wurde Ende 2000 in den Ruhestand versetzt.

Ihre Publikationen bei www.epubli.de:
Ein Lyrikbändchen, Titel: Im Garten meiner Poesie, 2017, ISBN 978-3-7450-7144-3

Eine Biografie, Titel: 1941: „In der Heimat, in der Heimat, da gibt's kein Wiedersehn…" Unserem Vater Ludwig Wehmeyer zum Gedächtnis, 2018,
ISBN 978-3-7467-2133-0

Ein Lyrikbändchen, Titel: Der Mensch in den Gezeiten des Lebens – Kurze Gedichte nach dem Vorbild japanischer Haiku,
erweiterte Neuauflage 2019, ISBN 978-3-7485-0621-8

Ein Lyrikbändchen, Titel: Nichts bleibt, wie es ist – Gedankensplitter im Stil japanischer Lyrik, 2020,
ISBN 978-3-752-989-465

Ein Lyrikbändchen, Titel: Gedichte – Dem Unsagbaren auf der Spur, 2020, ISBN 978-3- 752-989-472

Eine Familiengeschichte, Titel: 1944: Von Niederschlesien nach Süddeutschland - Heimat verloren - Familie gerettet Eine Familiengeschichte besonderer Art mit Briefen ins Jenseits, 2020 (erweiterte Neuauflage von 2016),
ISBN 978-3-750-283-602

Ein Lyrikbändchen, Titel: Herbsteszeit – neue alte Gedanken in lyrischen Texten, 2021, ISBN 978-3-753-107-325

ISBN 978-3-7549-6161-2

www.epubli.de